GREEN LANTERN
THE ANIMATED SERIES

POWER RING
JUMBO
COLORING AND ACTIVITY BOOK

BENDON®
Publishing International, Inc.
Ashland, OH 44805
www.bendonpub.com

GREEN LANTERN
THE ANIMATED SERIES

INTERLOCK

USING THE WORDS FROM THE LIST, COMPLETE THIS INTERLOCKED WORD PUZZLE.

AYA

WORD LIST

DANGEROUS

HUMANOID

SENTIENT

SPACE

VEHICLE

UNCHARTED SECTORS

USE THE SMALL GRID TO HELP YOU
COMPLETE THE PICTURE OF HAL JORDAN.

TIC-TAC-TOE

USE THESE TIC-TAC-TOE
GRIDS TO CHALLENGE YOUR
FAMILY AND FRIENDS!

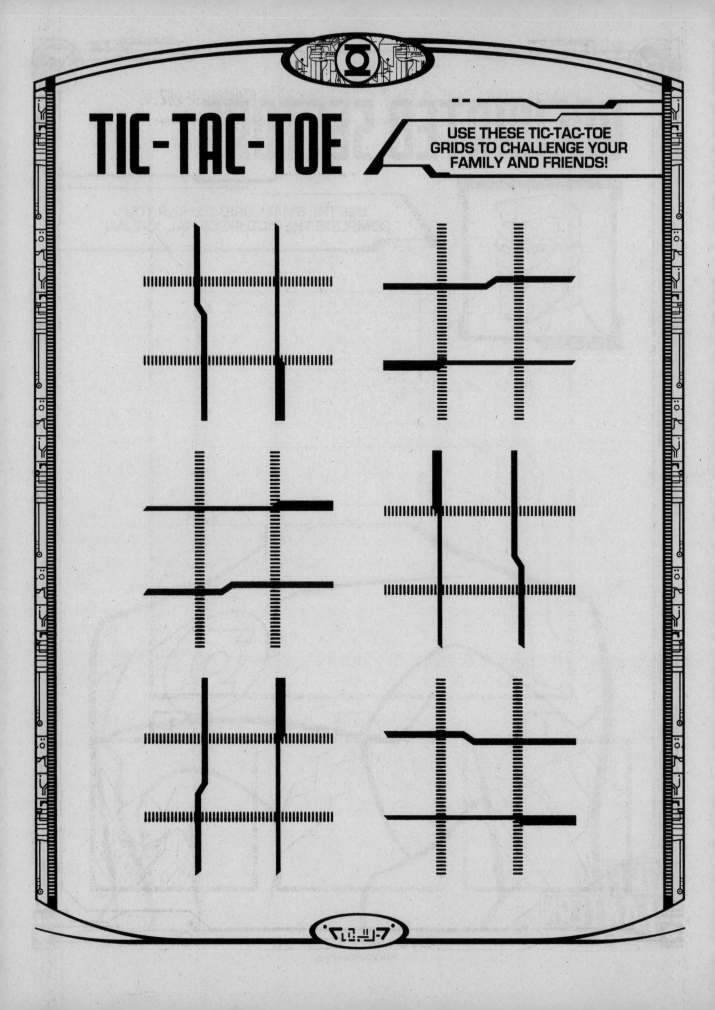

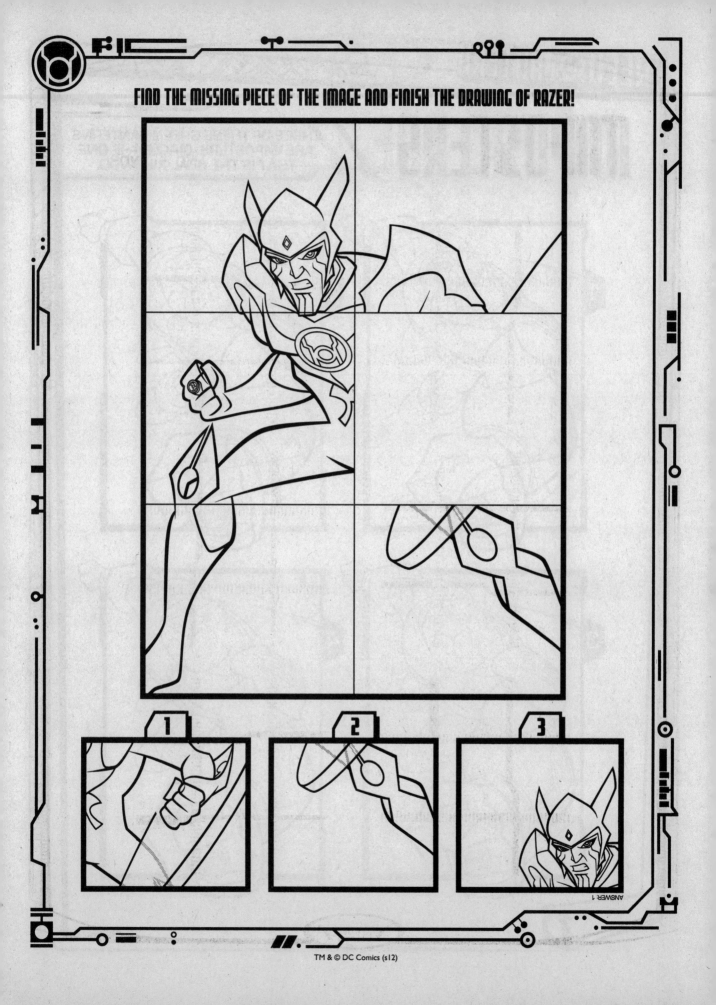

GREEN LANTERN

IMPOSTERS

THREE OF THESE GREEN LANTERNS ARE IMPOSTERS. CIRCLE THE ONE THAT IS THE REAL KILOWOG.

ANSWER: 3

WORD SEARCH
HAL JORDAN

```
E A R T H M A N K H O C
S I J J H Q M E A B I S
U T M B E V S N C L H E
P L R A R Z H U M A N Q
N Y T O G D T J L I T E
J F S J N I M H F N Q A
S D O J F G N V A N J G
G Z U Q O T W A N P W E
D N Z K A N S I T I P R
O U K E Y C M B L I C Y
S U P E R H E R O L V D
N W J I M P U L S I V E
```

- EAGER
- EARTH MAN
- HAPPY
- HUMAN
- IMAGINATIVE
- IMPULSIVE
- STRONG WILL
- SUPER HERO

FOLLOW the PATH

USING THE LETTERS, IN ORDER, FROM THE WORD **GUARDIANS,** FOLLOW THE CORRECT PATH TO FIND YOUR WAY THROUGH THE MAZE.

START

L	X	G	T	G	Y	Q	N
J	A	U	Q	P	F	H	Z
S	R	T	N	S	G	U	A
R	D	I	A	L	P	B	R
N	V	P	U	G	S	X	D
K	P	R	A	K	N	A	I
G	X	D	B	K	R	F	S
N	R	I	A	N	S	I	Q

FINISH

MATCHING

DRAW A LINE TO MATCH THE CHARACTERS TO THEIR NAMES.

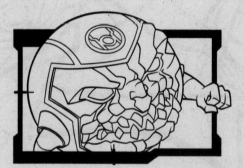

FIND THE MISSING PIECE OF THE IMAGE AND FINISH THE DRAWING OF HAL JORDAN!

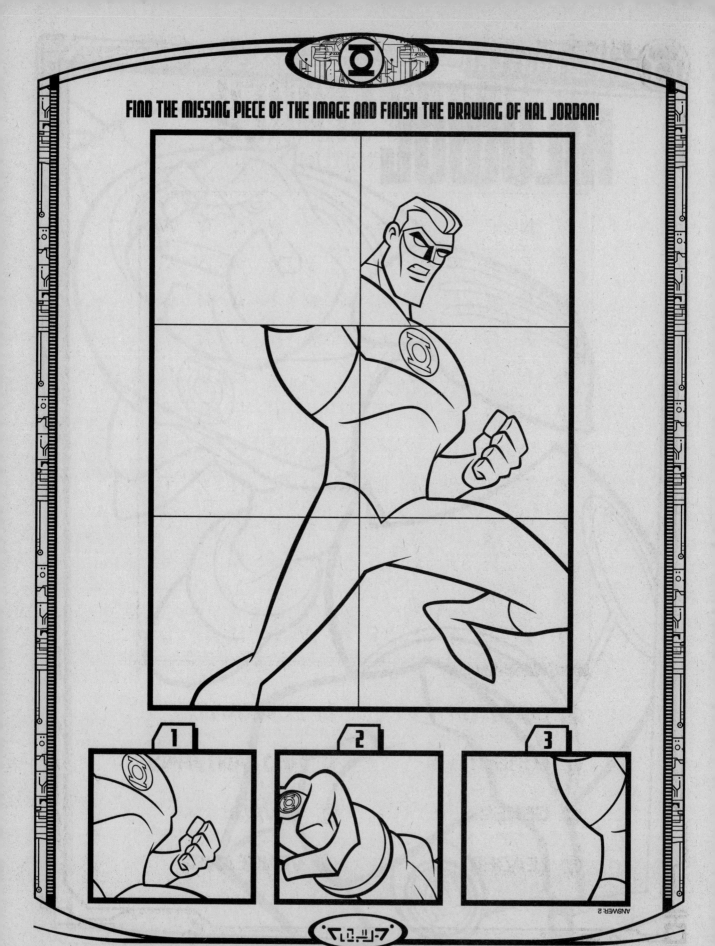

WORD SEARCH
ATROCITUS

```
V N F Z C Q X U H K N W
E Z R N C Q L V H V W C
N O E F K A G A I A H D
G A D D O L E A D E R I
E P L K W R C A J B Q C
A O A E N G G P O R T
N W N P S T E O G R B A
C E T S A U V N T N X T
E R E G V H J X E T K O
L F R E A U M H A R E R
X U N I G H V L X N A N
Y L S H E H A W L U R L
```

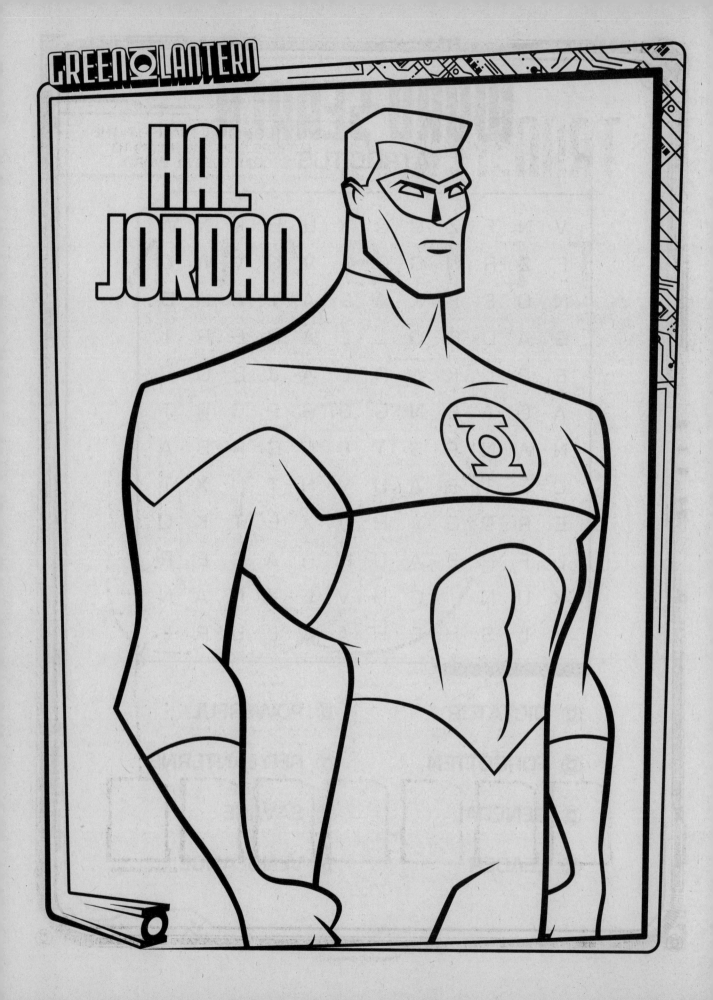

TRANSFER

USING THE PATHS, TRANSFER THE LETTERS INTO THE BOXES TO UNSCRAMBLE THE WORD.

T E P S A L N

ANSWER: PLANETS

INTERLOCK

USING THE WORDS FROM THE LIST, COMPLETE THIS INTERLOCKED WORD PUZZLE.

WORD LIST

AUTHORITY

CUNNING

FIGHTER

REVENGE

SHIPWRECK

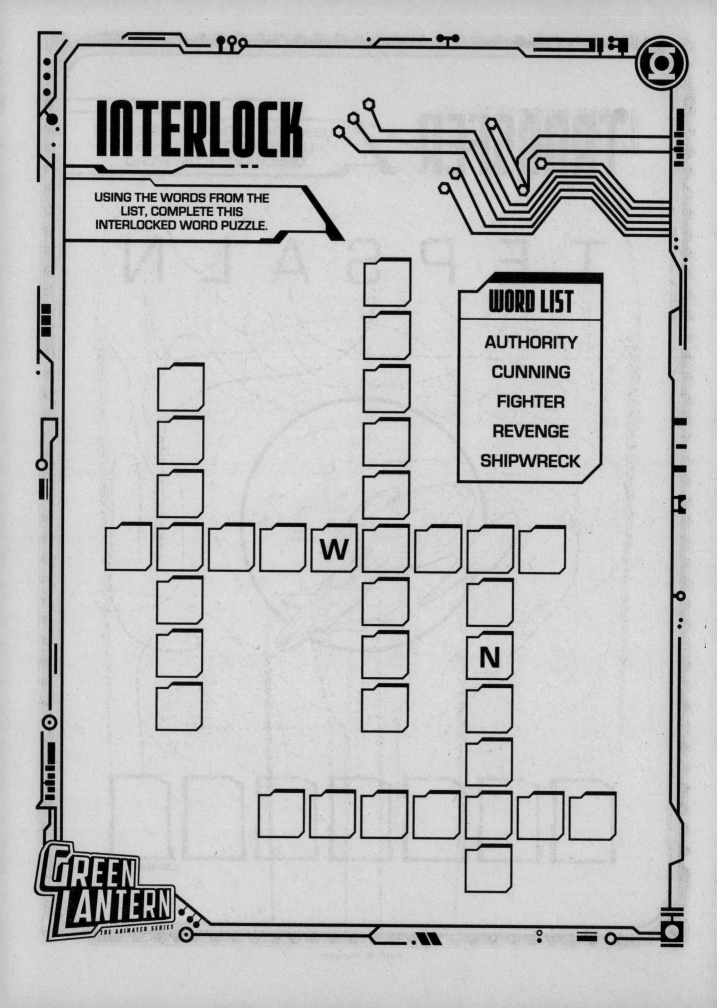

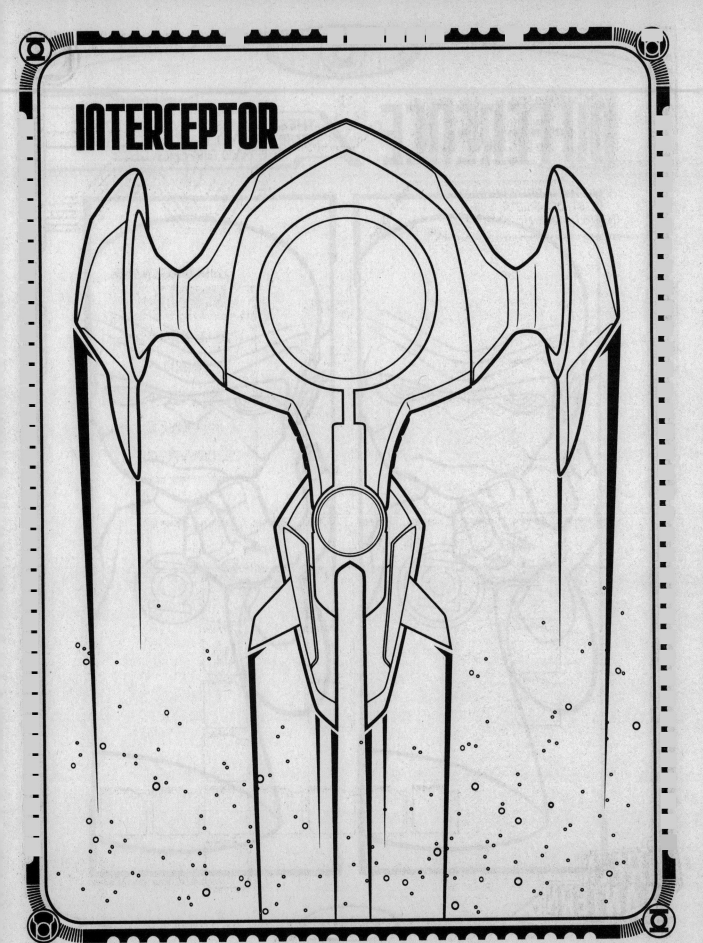

SPOT THE
DIFFERENCE

THESE GUARDIANS ARE NOT THE SAME. CAN YOU FIND AND CIRCLE THE TWO DIFFERENCES?

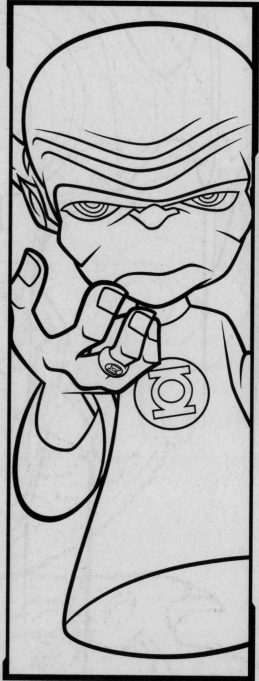

ANSWER: CHEST EMBLEM, FOREHEAD

FIND THE MISSING PIECE OF THE IMAGE AND FINISH THE DRAWING OF ATROCITUS!

ANSWER: 2

WORD SEARCH

BEWARE MY POWER

```
G I Z W E E K T N R X O
G L Y Q F S T B B A N U
B U L T R A W A R P E T
F Q U I O Q U S C V N S
V O L U N T E E R T D K
R Q S C T W L V T W A I
O W S V I U Y B S A N R
V Y S L E K L B Q Z G T
K T B Y R R C R D O E S
G R E E N L A N T E R N
T E N E M Y N M W Z E M
T M I S S I O N V B D B
```

- ENDANGERED
- ENEMY
- FRONTIER
- GREEN LANTERN
- MISSION
- OUTSKIRTS
- ULTRAWARP
- VOLUNTEER

MATCHING

GREEN LANTERN

HAL JORDAN POWERS
THROUGH ENEMY LINES
WITH A SHIELD CONSTRUCT!

TM & © DC Comics (s12)

FOLLOW the PATH

USING THE LETTERS, IN ORDER, FROM THE WORD **WILLPOWER,**
FOLLOW THE CORRECT PATH TO FIND YOUR WAY THROUGH THE MAZE.

START
▼

```
W   W   V   I   E   R   W   M
L   I   K   L   W   L   L   P
L   D   N   R   W   I   O   O
P   O   W   E   D   W   O   W
D   M   I   W   R   E   U   E
W   E   Z   L   L   I   W   R
I   R   O   P   P   Z   W   M
W   W   I   O   W   E   R   Z
```

FINISH

MAZE

FIND YOUR WAY THROUGH THE MAZE TO HELP HAL CHARGE HIS POWER RING!

START

FINISH

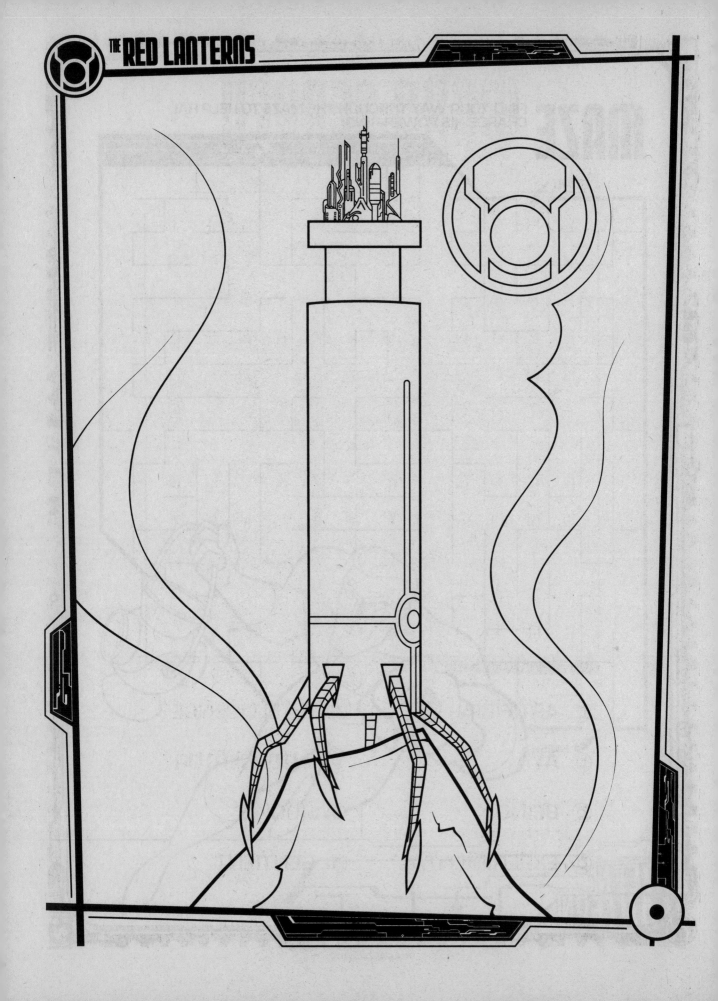

WORD SEARCH

INTERCEPTOR

E	H	B	I	C	H	I	A	U	N	I	I
X	U	E	N	X	H	M	R	K	L	N	N
P	S	J	T	L	D	G	T	Y	B	T	T
E	E	J	Q	Z	S	L	I	K	X	E	E
R	N	C	S	W	J	Z	F	B	Y	L	R
I	T	R	X	H	B	E	I	N	G	L	C
M	I	Y	O	Y	Y	B	C	Z	M	I	E
E	E	P	G	O	G	P	I	A	V	G	P
N	N	D	W	M	K	B	A	W	K	E	T
T	T	U	Z	K	P	I	L	F	G	N	O
A	P	L	V	V	K	F	E	H	Z	C	R
L	R	I	U	Q	J	A	Y	A	O	E	L

- ◎ ARTIFICIAL
- ◎ AYA
- ◎ BEING
- ◎ EXPERIMENTAL
- ◎ INTELLIGENCE
- ◎ INTERCEPTOR
- ◎ ROOKIE
- ◎ SENTIENT

UNCHARTED SECTORS

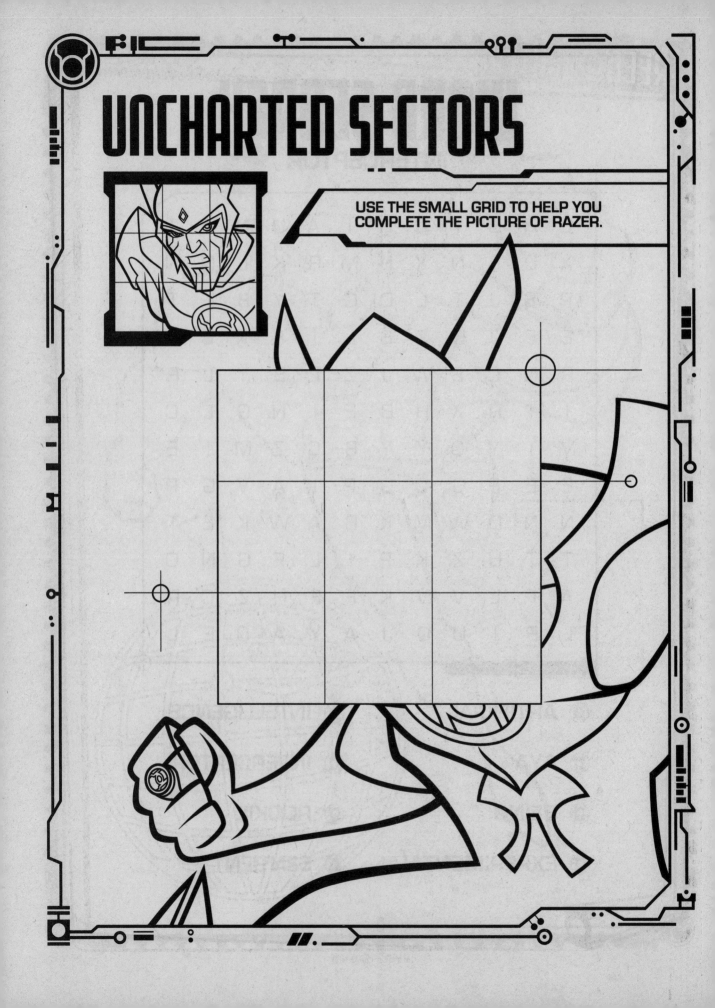

USE THE SMALL GRID TO HELP YOU
COMPLETE THE PICTURE OF RAZER.

FIND THE MISSING PIECE OF THE IMAGE AND FINISH THE DRAWING OF HAL JORDAN!

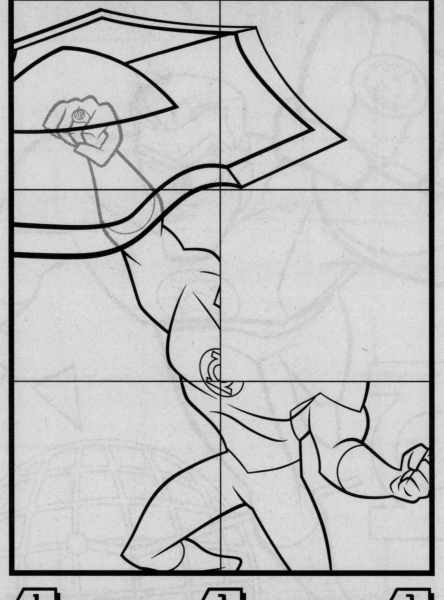

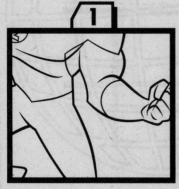

1

2

3

ANSWER: 3

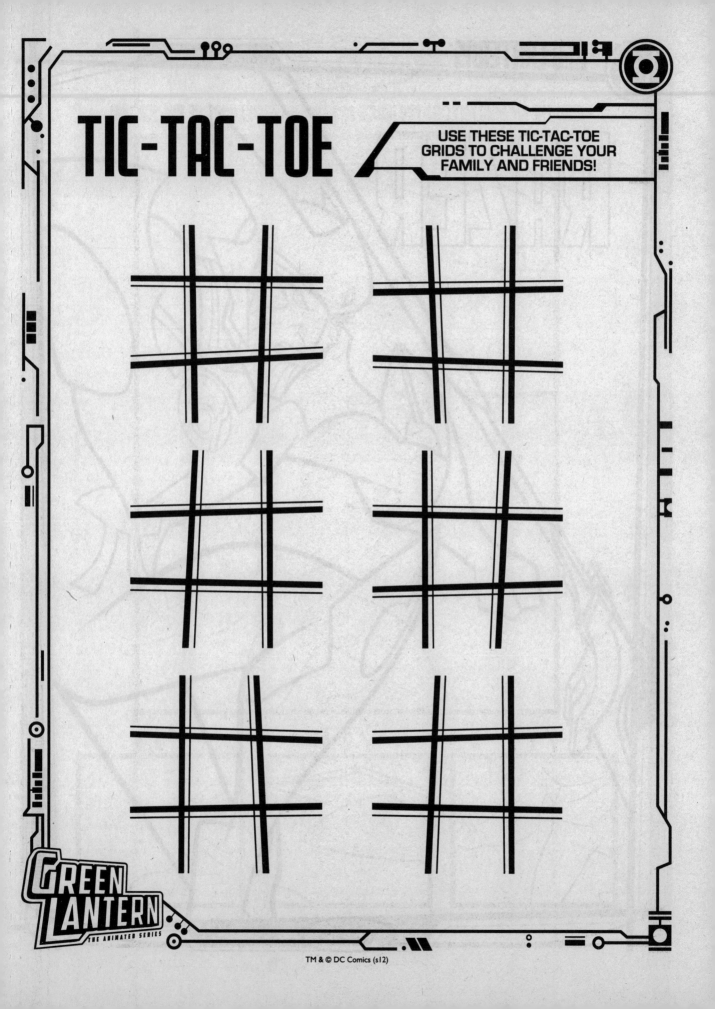

IMPOSTERS

THREE OF THESE GREEN LANTERNS ARE IMPOSTERS. CIRCLE THE ONE THAT IS THE REAL HAL JORDAN.

ANSWER: 4.

GREEN LANTERN

MATCHING

MATCH THE CHARACTERS BY WRITING THE CORRECT LETTER BELOW EACH CLOSE-UP.

A

B

C

1

2

3

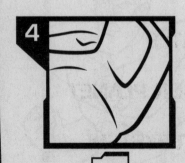

4

5

6

WORD SEARCH
FLIGHT CLUB

```
P  F  Y  T  T  J  Z  D  E  R  L  S
R  O  T  P  O  G  H  L  N  Q  N  Y
I  E  U  X  I  D  D  D  L  A  B  X
S  I  X  T  E  R  G  W  I  Z  R  K
O  N  A  X  N  V  A  R  S  B  E  W
N  F  N  J  E  U  A  T  T  H  A  B
P  X  E  I  U  G  M  V  E  Y  K  U
L  P  Y  C  A  Y  R  B  D  S  O  X
A  P  A  N  O  L  O  Y  E  I  U  V
N  V  A  O  R  X  R  D  X  R  T  N
E  H  S  T  A  R  S  Y  S  T  E  M
T  F  Y  O  V  E  R  R  U  N  W  D
```

- ◉ BREAK-OUT
- ◉ ENLISTED
- ◉ OUTNUMBERED
- ◉ OVERRUN
- ◉ PIRATES
- ◉ PRISON PLANET
- ◉ STAR SYSTEM
- ◉ THANAGARIANS

TRANSFER

USING THE PATHS, TRANSFER THE LETTERS INTO THE BOXES TO UNSCRAMBLE THE WORD.

N O T I E O M

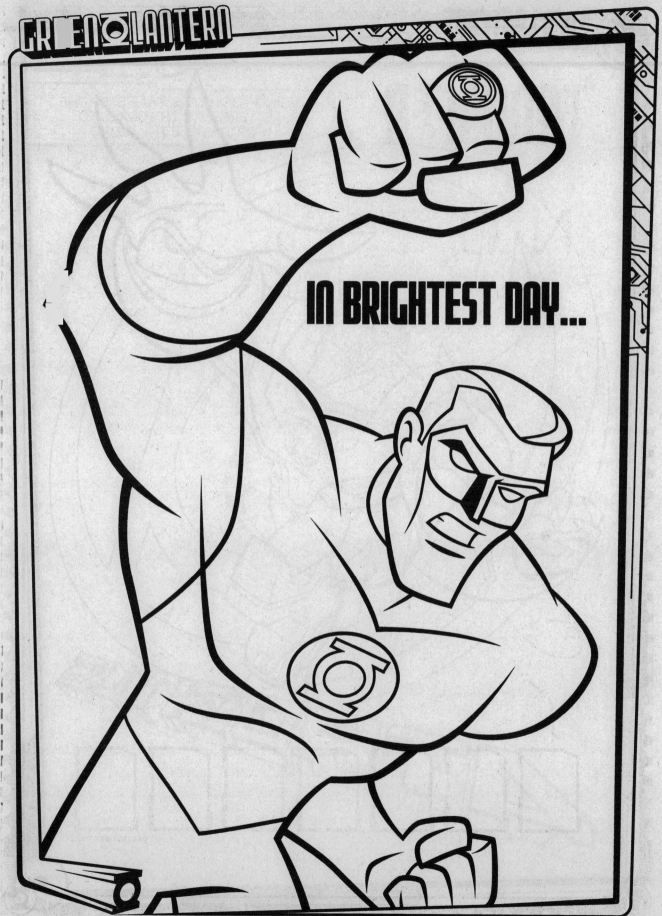

INTERLOCK

USING THE WORDS FROM THE LIST, COMPLETE THIS INTERLOCKED WORD PUZZLE.

WORD LIST

BATTLE

HERO

MISSION

REFORMED

SAVAGE

S

T

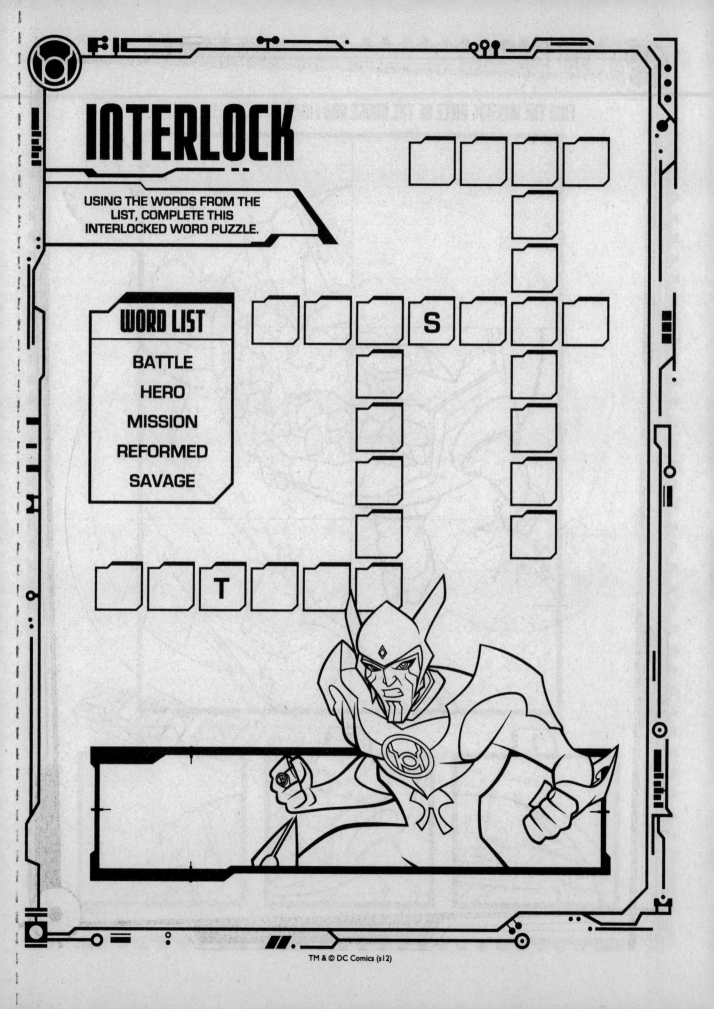

FIND THE MISSING PIECE OF THE IMAGE AND FINISH THE DRAWING ZILIUS ZOX!

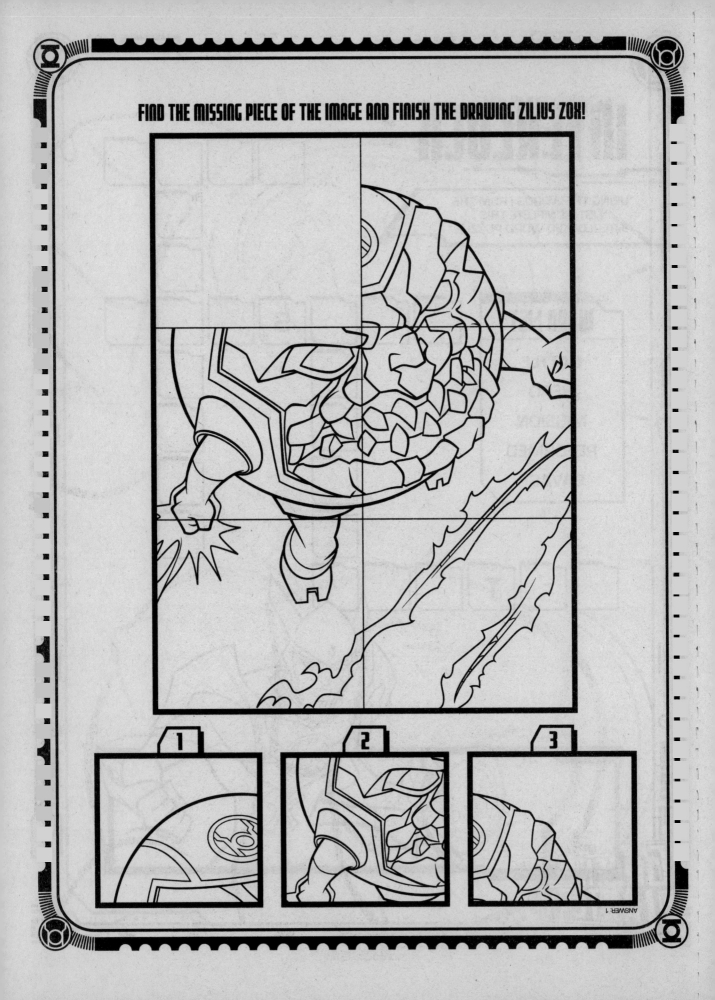

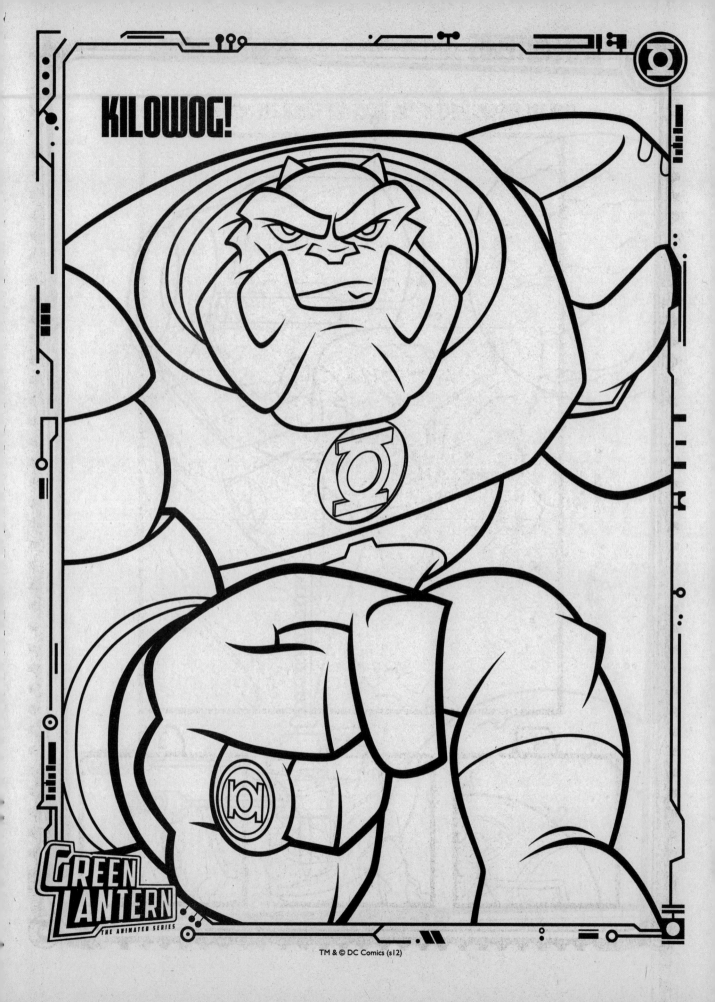

KILOWOG!

GREEN LANTERN
THE ANIMATED SERIES

TM & © DC Comics (s12)

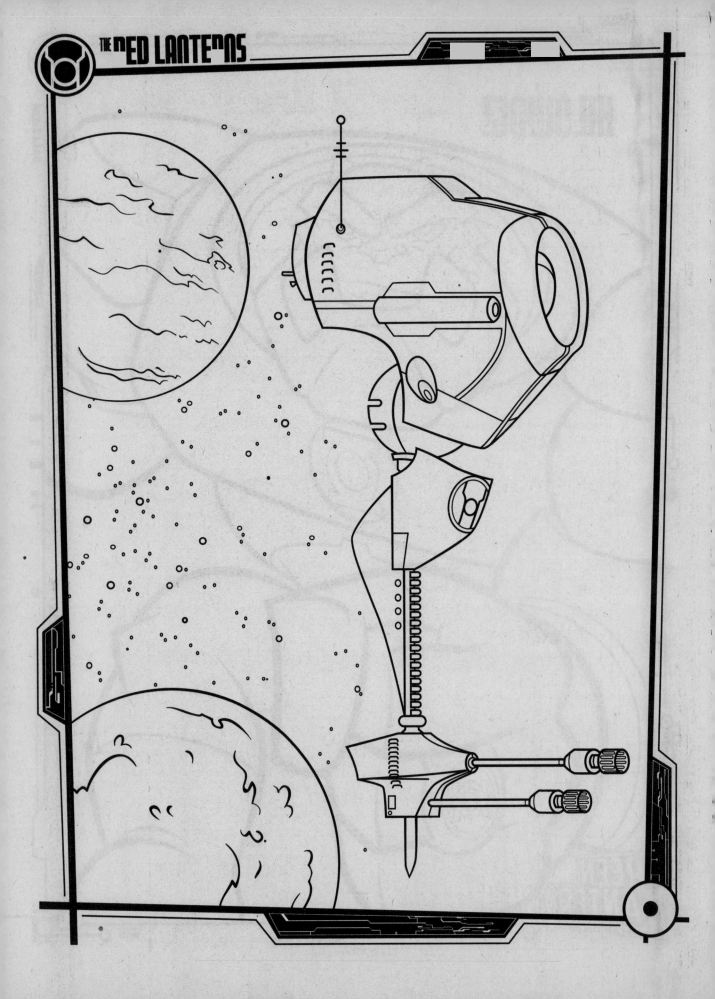

WORD SEARCH

RED LANTERNS

```
S  U  D  E  F  E  A  T  J  N  D  Q
W  D  U  B  P  V  X  R  D  N  Q  A
L  V  E  G  E  L  F  A  F  Z  M  C
S  I  A  S  X  K  O  L  K  R  D  P
A  M  N  W  T  U  J  B  K  I  C  N
V  O  G  W  A  R  R  I  O  R  S  D
A  S  E  L  R  K  U  Z  G  T  H  O
G  K  R  Q  U  A  Q  C  W  P  S  O
E  X  A  Z  L  K  B  M  T  J  B  U
E  G  Z  B  E  R  K  X  U  I  I  X
I  N  T  I  M  I  D  A  T  E  O  P
A  R  E  V  E  N  G  E  P  L  U  N
```

◎ **ANGER**

◎ **DEFEAT**

◎ **DESTRUCTION**

◎ **INTIMIDATE**

◎ **REVENGE**

◎ **RULE**

◎ **SAVAGE**

◎ **WARRIORS**

MAZE

FIND YOUR WAY TO THE
CENTER OF THE MAZE
TO ESCAPE ATROCITUS.

START

FINISH

TM & © DC Comics (s12)

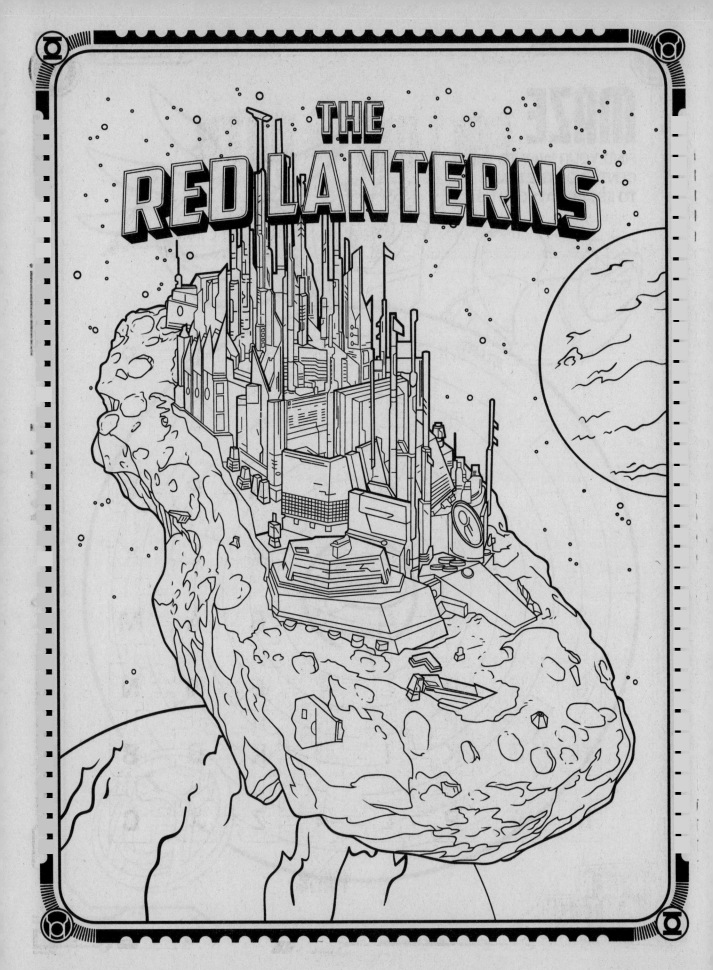

FOLLOW the PATH

USING THE LETTERS, IN ORDER, FROM THE WORDS **PLANET OA**, FOLLOW THE CORRECT PATH TO FIND YOUR WAY THROUGH THE MAZE.

START ▼

J	S	M	Q	P	F	H	P
F	V	N	A	L	X	E	L
O	T	E	Q	O	A	P	S
A	U	G	E	T	M	L	K
P	L	A	N	M	B	A	M
Q	B	P	L	T	E	N	N
N	D	K	I	O	K	G	B
M	V	P	L	A	Z	X	C

FINISH

FIND THE MISSING PIECE OF THE IMAGE AND FINISH THE DRAWING OF AYA!

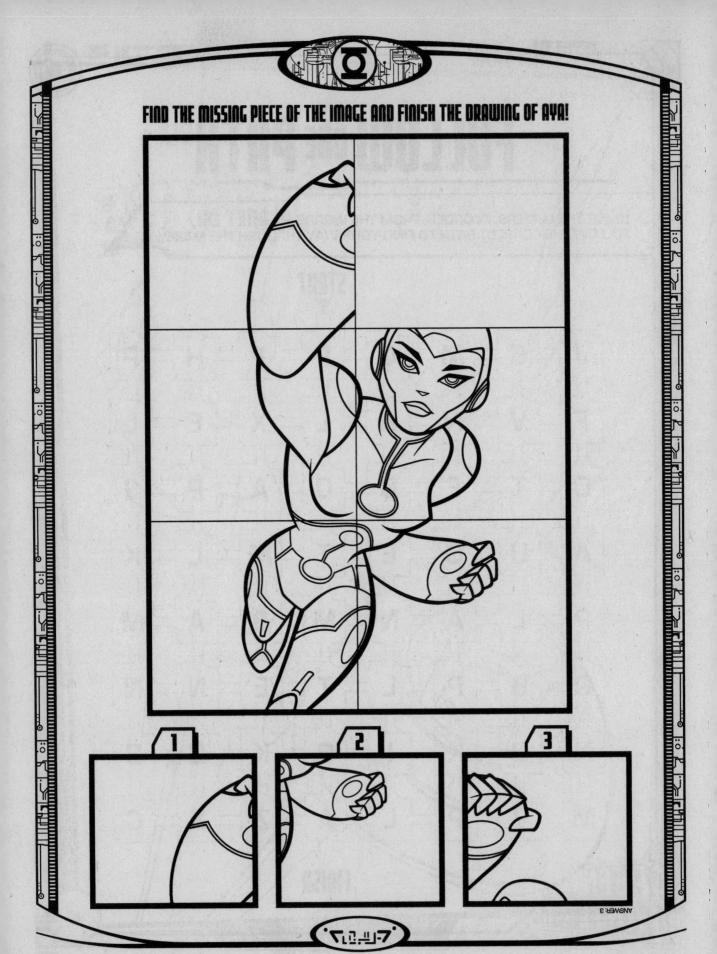

ANSWER: 3

GREEN LANTERN

SPOT THE
DIFFERENCE

THESE IMAGES OF HAL JORDAN ARE NOT THE SAME. CAN YOU FIND AND CIRCLE THE TWO DIFFERENCES?

 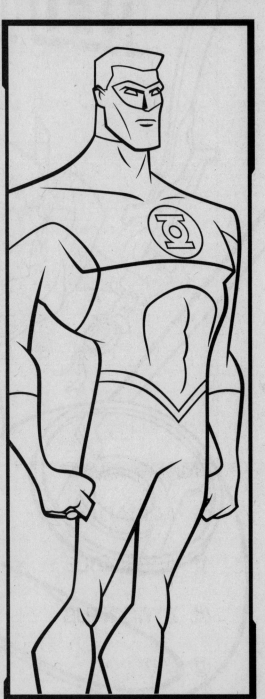

ANSWER: MASK, WAIST

WORD SEARCH

INVASION

```
T L A N T E R N S C U W
A T R O C I T U S E V J
Z S J T X X E N K J X Q
I P U D Q J D S W E L O
A R F X I H J T W Y G P
X K I F N R T O Q F V U
F A E N X Z E P C C B A
I N T E R C E P T O R R
M G G C W M P A L T C M
P R A S S E M B L E A A
E Y X B C I T L W E V D
R E D L A N T E R N S A
```

◎ ARMADA   ◎ INTERCEPTOR

◎ ASSEMBLE   ◎ LANTERNS

◎ ATROCITUS   ◎ RED LANTERNS

◎ DIRE   ◎ UNSTOPPABLE

MATCHING

DRAW A LINE TO MATCH THE CHARACTERS TO THEIR NAMES.

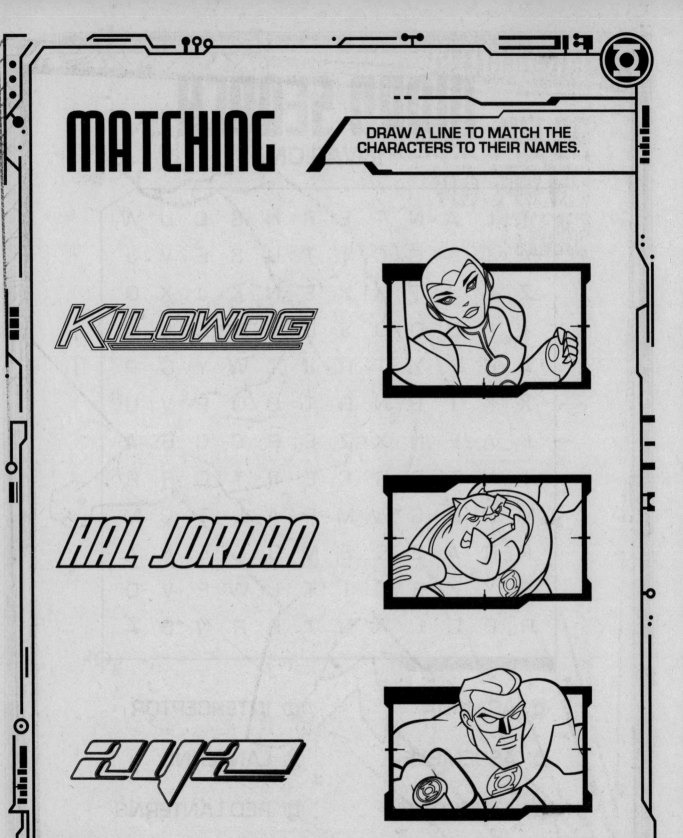

KILOWOG

HAL JORDAN

RAZER

Green Lantern THE ANIMATED SERIES

TRANSFER

USING THE PATHS, TRANSFER THE LETTERS INTO THE BOXES TO UNSCRAMBLE THE WORD.

T R A N N L E

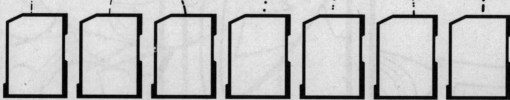

ANSWER: LANTERN

FIND THE MISSING PIECE OF THE IMAGE AND FINISH THE DRAWING OF KILOWOG!

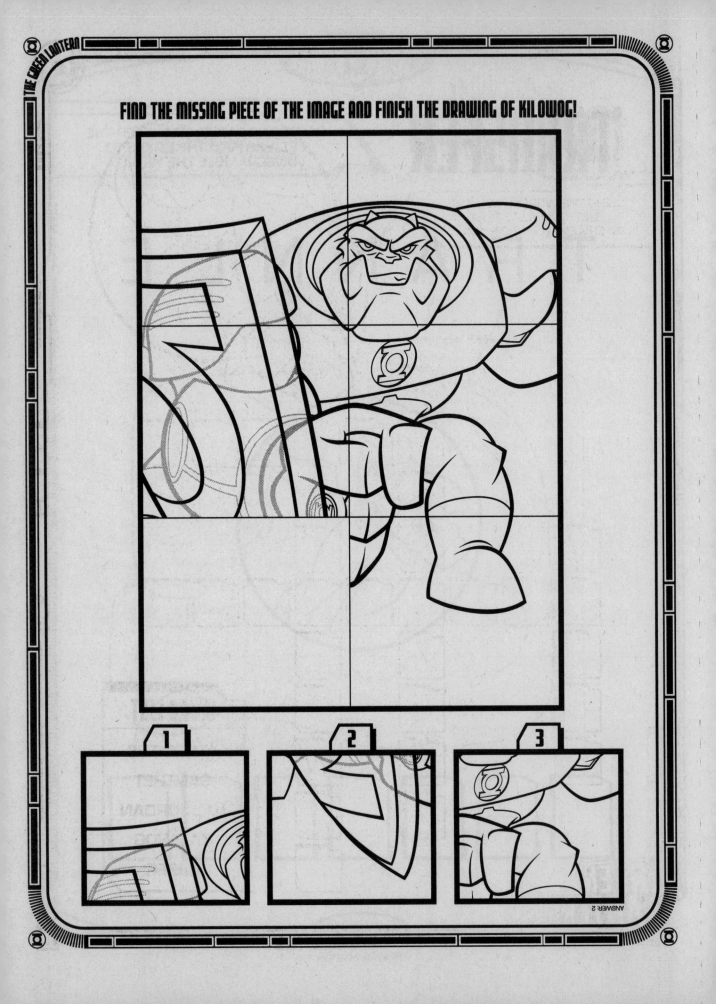

INTERLOCK

USING THE WORDS FROM THE LIST, COMPLETE THIS INTERLOCKED WORD PUZZLE.

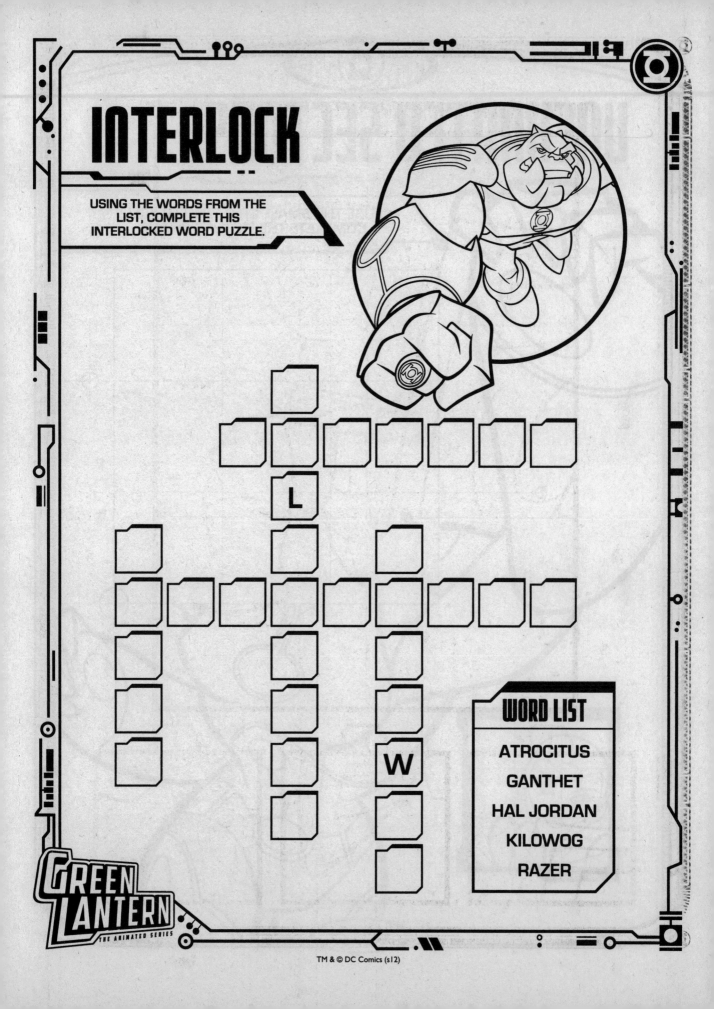

L

W

WORD LIST

ATROCITUS

GANTHET

HAL JORDAN

KILOWOG

RAZER

UNCHARTED SECTORS

USE THE SMALL GRID TO HELP YOU
COMPLETE THE PICTURE OF AYA.

WORD SEARCH
REGIME CHANGE

```
B A N I S H E D W P L U
J S P H Q M Z K X I S A
D G S E B I V U C N S E
A A U T M I U N R U Z A
C N Q S K O U E S M N D
A T D D V O T S O T Y V
Y H T K C N A I E C B O
G E V H A R F R O L K C
J T G L T O X L V N X A
T I D E T N F D P Q S T
H E B D V O L A L C W E
R S G U A R D I A N S S
```

- ADVOCATES
- BANISHED
- BETRASSUS
- EMOTIONS
- GANTHET
- GUARDIANS
- HIGH COUNCIL
- RED LANTERNS

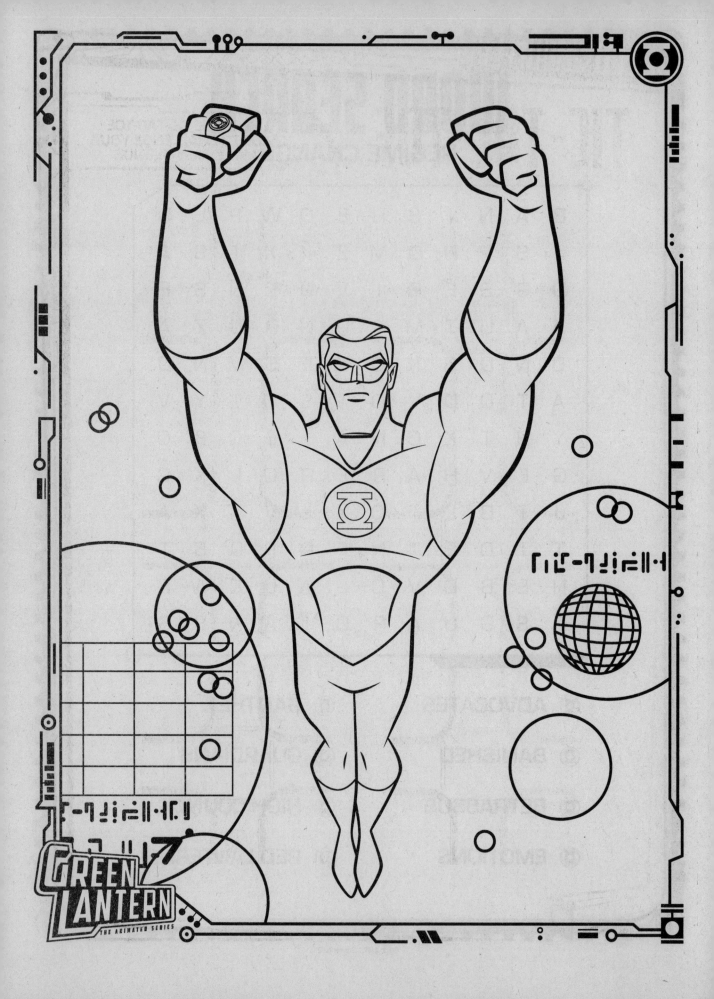

GREEN LANTERN

TIC-TAC-TOE

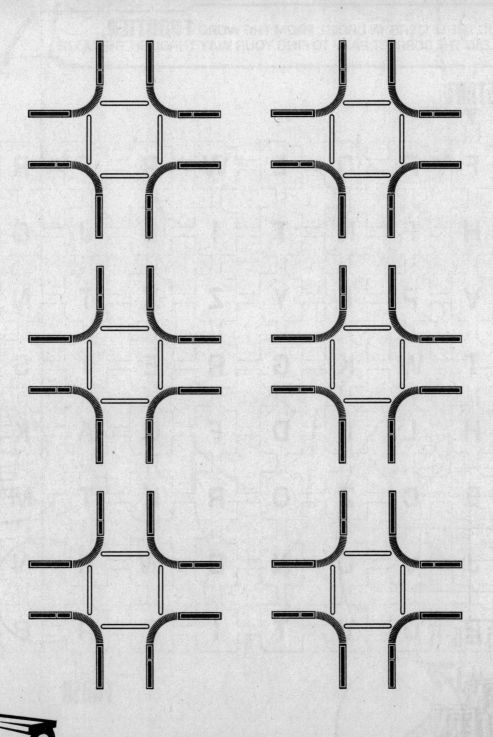

FOLLOW the PATH

USING THE LETTERS, IN ORDER, FROM THE WORD **FRONTIER**, FOLLOW THE CORRECT PATH TO FIND YOUR WAY THROUGH THE MAZE.

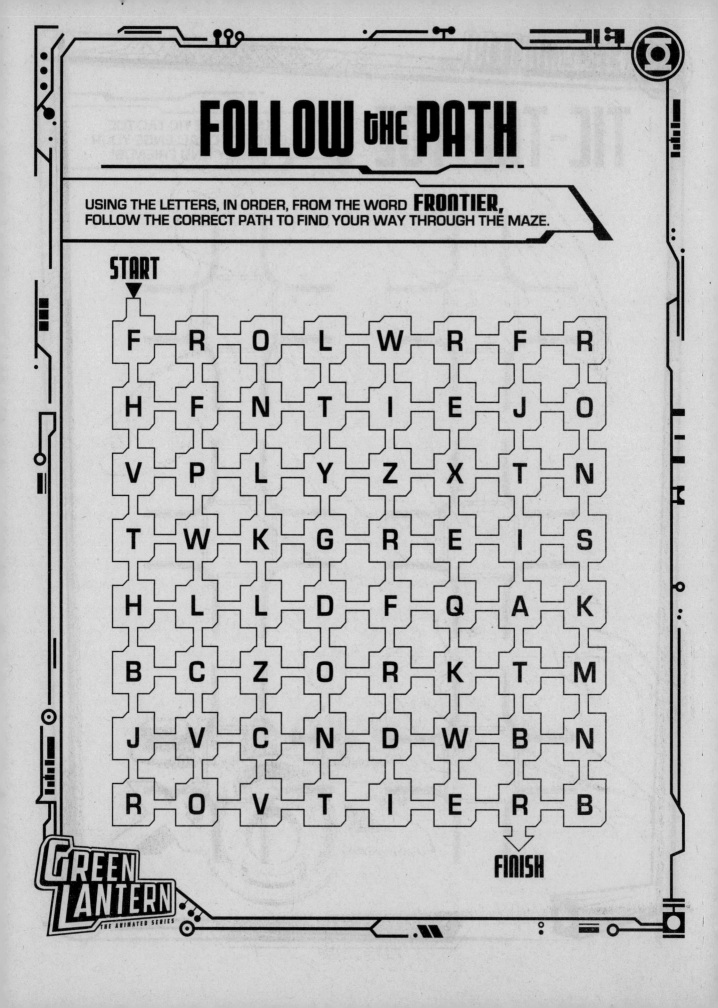

START

F	R	O	L	W	R	F	R
H	F	N	T	I	E	J	O
V	P	L	Y	Z	X	T	N
T	W	K	G	R	E	I	S
H	L	L	D	F	Q	A	K
B	C	Z	O	R	K	T	M
J	V	C	N	D	W	B	N
R	O	V	T	I	E	R	B

FINISH

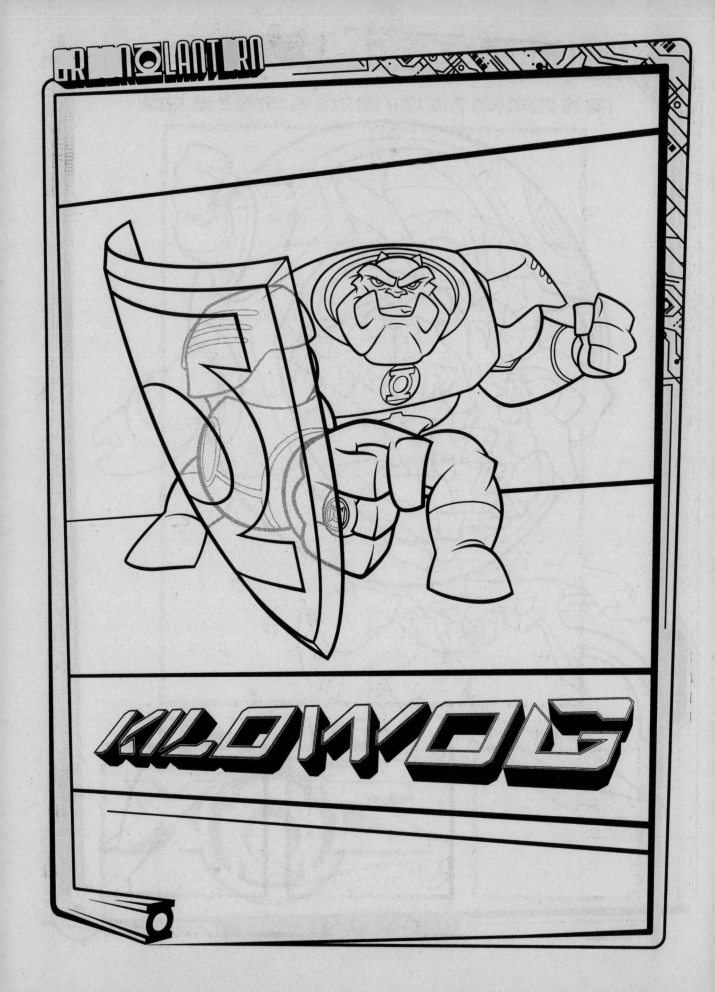

FIND THE MISSING PIECE OF THE IMAGE AND FINISH THE DRAWING OF HAL JORDAN!

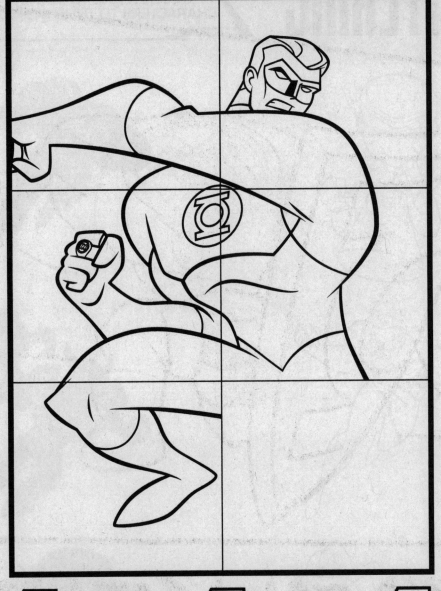

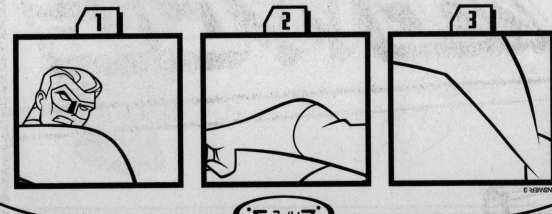

ANSWER: 3

MATCHING

DRAW A LINE TO MATCH THE CHARACTERS TO THEIR SILHOUETTES.

WORD SEARCH

LOST PLANET

```
N T E D E S T I N E D W
F N E W L A N T E R N T
E R Q V P F Z K Y M G S
L C Y P E F J X K S U W
L F A P O I O C X O A J
O B S S P W E L I F R S
W F P B T R E R L A J S
L T F F W A E R C O D X
X Z F P Y T W T R B W D
S H I M S Z P A J I J I
J H A Y R K S N Y B N Z
S O M K L C D Z U S E G
```

- ⊛ CASTAWAYS
- ⊛ DESTINED
- ⊛ FELLOW
- ⊛ FOLLOW
- ⊛ MYSTERIOUS
- ⊛ NEW LANTERN
- ⊛ POWER RING
- ⊛ SHIPWRECK

LET THOSE WHO WORSHIP
EVIL'S MIGHT...

UNCHARTED SECTORS

USE THE SMALL GRID TO HELP YOU
COMPLETE THE PICTURE OF THE GUARDIAN
OF THE UNIVERSE.

IMPOSTERS

THREE OF THESE RED LANTERNS ARE IMPOSTERS. CIRCLE THE ONE THAT IS THE REAL ZILIUS ZOX.

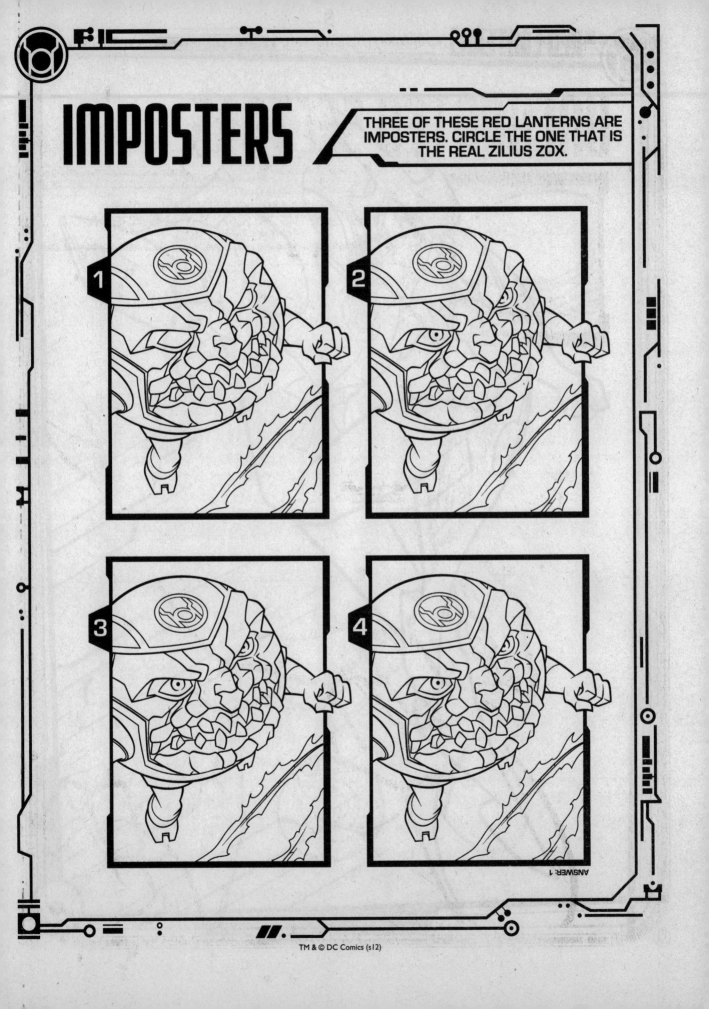

ANSWER: 1

TIC-TAC-TOE

USE THESE TIC-TAC-TOE GRIDS TO CHALLENGE YOUR FAMILY AND FRIENDS!

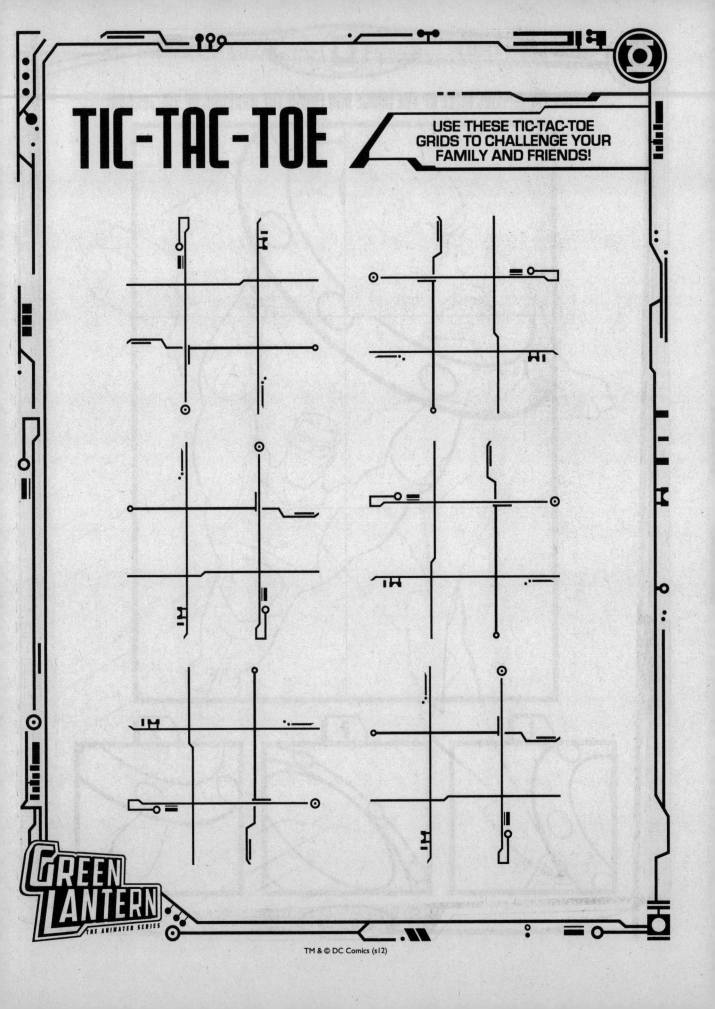

FIND THE MISSING PIECE OF THE IMAGE AND FINISH THE DRAWING OF HAL JORDAN!

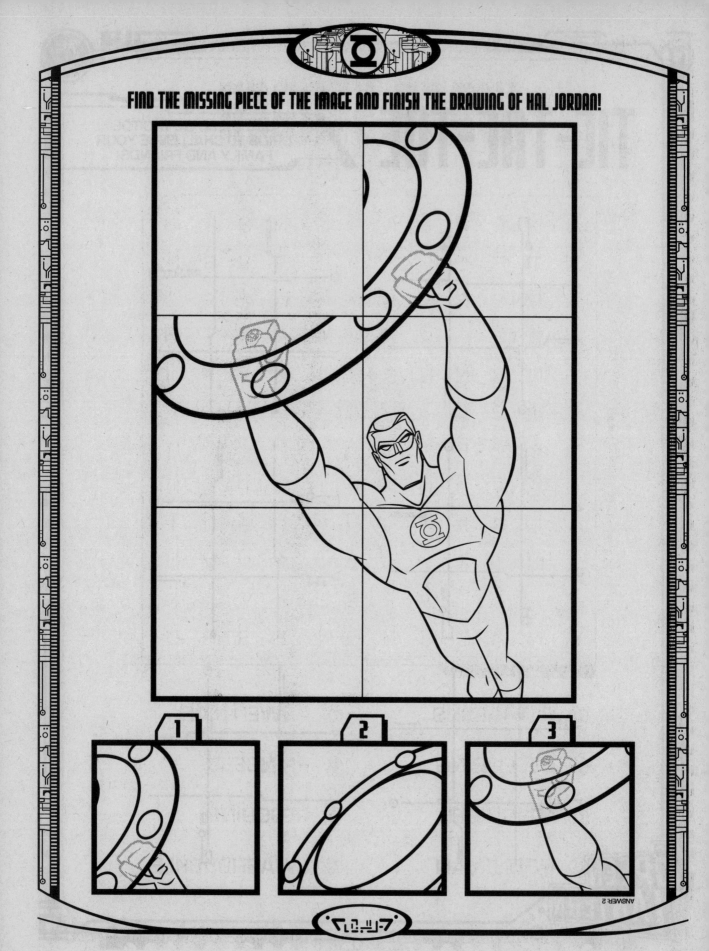

WORD SEARCH
THE JOUST

```
U D E F E N D I N G T M
N T H P H T F C S S B R
K P O R E C M E W Z S J
R P A I R P F M A U I M
E N U N Q B W P S V P I
S O C C A B P S H N O S
C B C E K K A I B Y W G
U L F S N R B D U P E U
I E S S T U U W C S R I
N M I E V E A X K H M D
G A B I P K P I L Y A E
W N A K J U Q L E S D D
```

- BETRASSUS
- DEFENDING
- MISGUIDED
- NOBLEMAN
- POWER-MAD
- PRINCESS
- RESCUING
- SWASHBUCKLE

MATCHING

MATCH THE CHARACTERS BY WRITING THE CORRECT LETTER BELOW EACH CLOSE-UP.

A

B

C

1

2

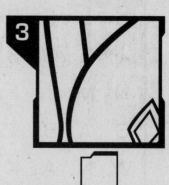

3

4

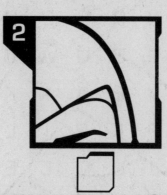

5

6

GREEN LANTERN

BEWARE MY POWER

GREEN LANTERN'S LIGHT!

TM & © DC Comics (s12)

INTERLOCK

USING THE WORDS FROM THE LIST, COMPLETE THIS INTERLOCKED WORD PUZZLE.

☐ U ☐ ☐ ☐ ☐ ☐ ☐ ☐

N

☐

☐ ☐ ☐ ☐ ☐ ☐ ☐

☐

☐

☐ ☐ ☐ ☐ ☐ ☐ ☐ ☐ L

☐

☐ ☐ ☐ ☐ ☐ ☐ ☐ ☐

WORD LIST

FRONTIER

GUARDIANS

INTELLECT

MOTIVES

POWERFUL

FIND THE MISSING PIECE OF THE IMAGE AND FINISH THE DRAWING OF ATROCITUS!

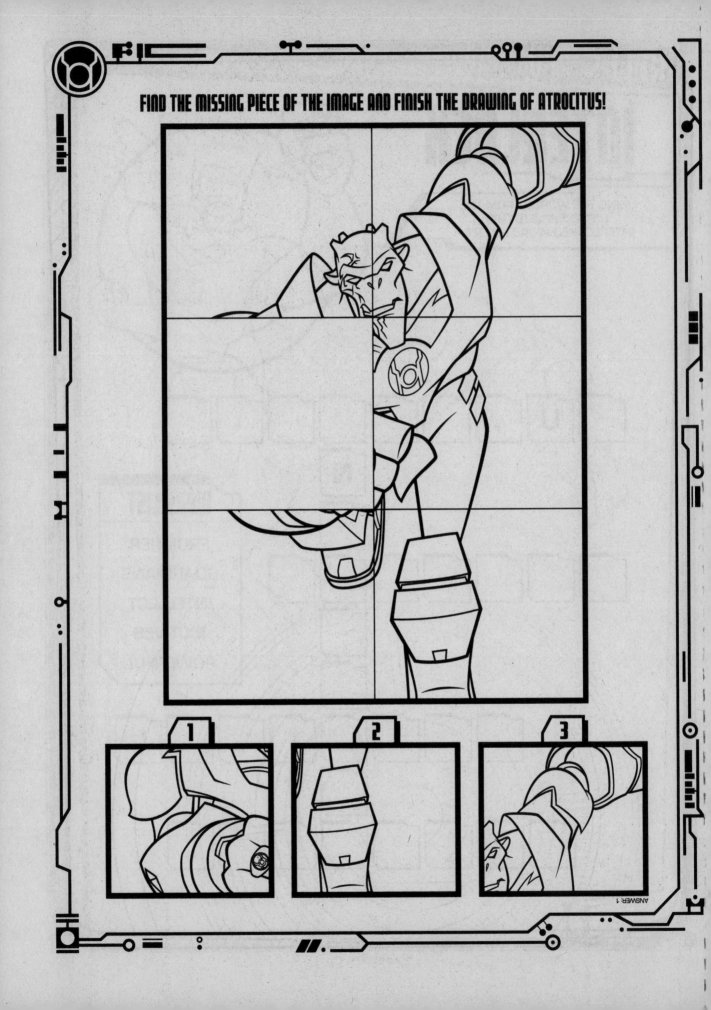

ANSWER: 1

GREEN LANTERN

SPOT THE DIFFERENCE

THESE IMAGES OF RAZER ARE NOT THE SAME. CAN YOU FIND AND CIRCLE THE TWO DIFFERENCES?

ANSWER: RING, CHIN

WORD SEARCH

RAZER'S EDGE

```
P  E  T  I  N  R  M  G  M  U  B  E
I  M  P  R  I  S  O  N  E  D  T  W
C  V  A  G  D  Y  X  I  J  A  D  S
F  I  G  H  T  T  V  G  T  Q  U  P
C  O  R  R  U  P  T  I  O  N  R  E
Y  Q  M  N  F  E  L  F  C  C  L  K
C  O  N  F  L  I  C  T  E  D  Y  Z
G  Q  F  B  B  U  E  X  J  G  V  Y
M  R  O  A  Z  P  N  T  P  F  U  Y
H  N  H  L  H  V  I  S  U  C  R  S
I  E  X  X  K  S  R  A  Z  E  R  Q
R  S  I  D  E  B  Y  S  I  D  E  B
```

- CONFLICTED
- CORRUPTION
- FIGHT
- IMPRISONED
- NOBLE
- RAZER
- REHABILITATE
- SIDE-BY-SIDE

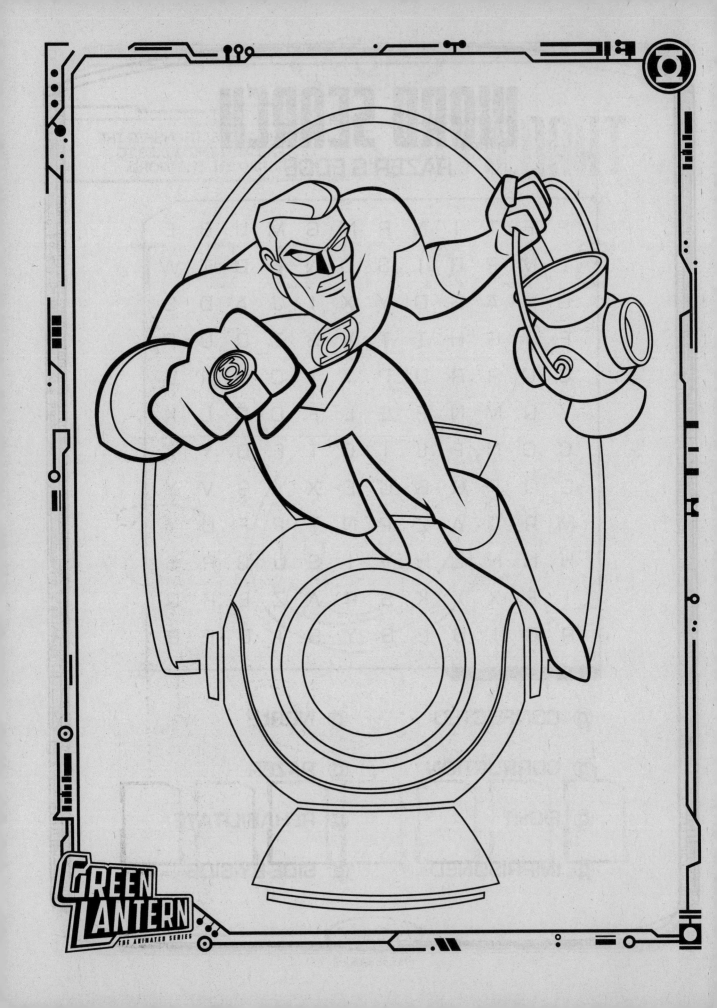

TRANSFER

S L A T B E T

ANSWER: BATTLES

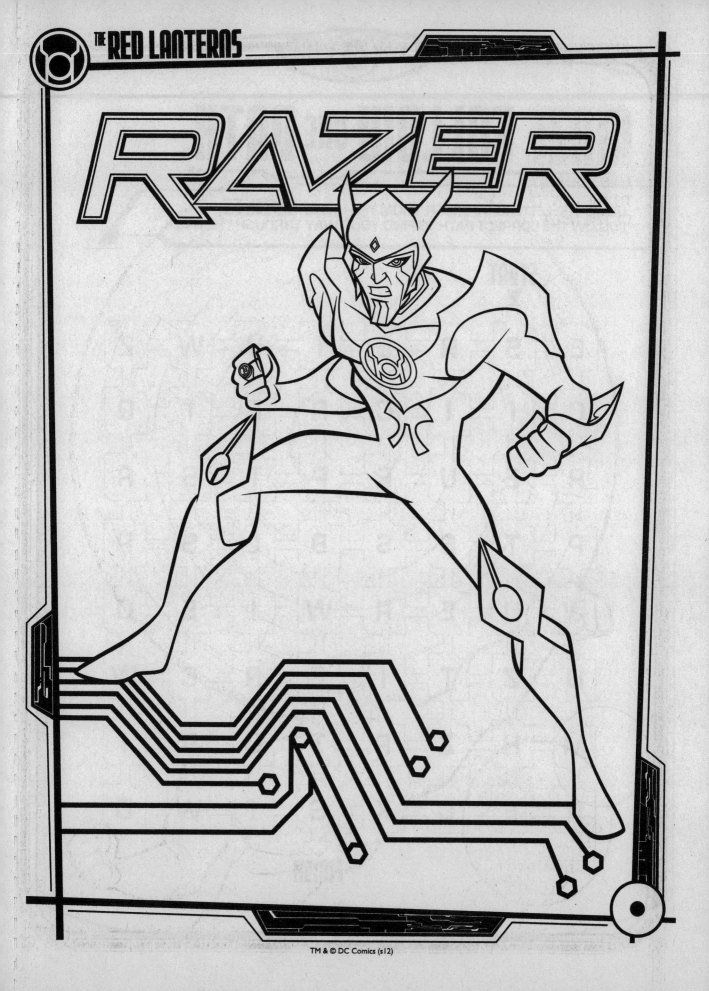

FOLLOW the PATH

USING THE LETTERS, IN ORDER, FROM THE WORD **SECRETS**,
FOLLOW THE CORRECT PATH TO FIND YOUR WAY THROUGH THE MAZE.

START

E	S	R	E	I	V	W	Z
C	C	I	C	R	E	I	Q
R	E	U	E	P	T	S	R
P	T	S	S	B	L	S	P
J	U	E	R	W	I	E	O
D	Z	T	I	E	R	C	W
M	H	Z	P	T	O	R	I
R	E	C	K	S	I	W	D

FINISH

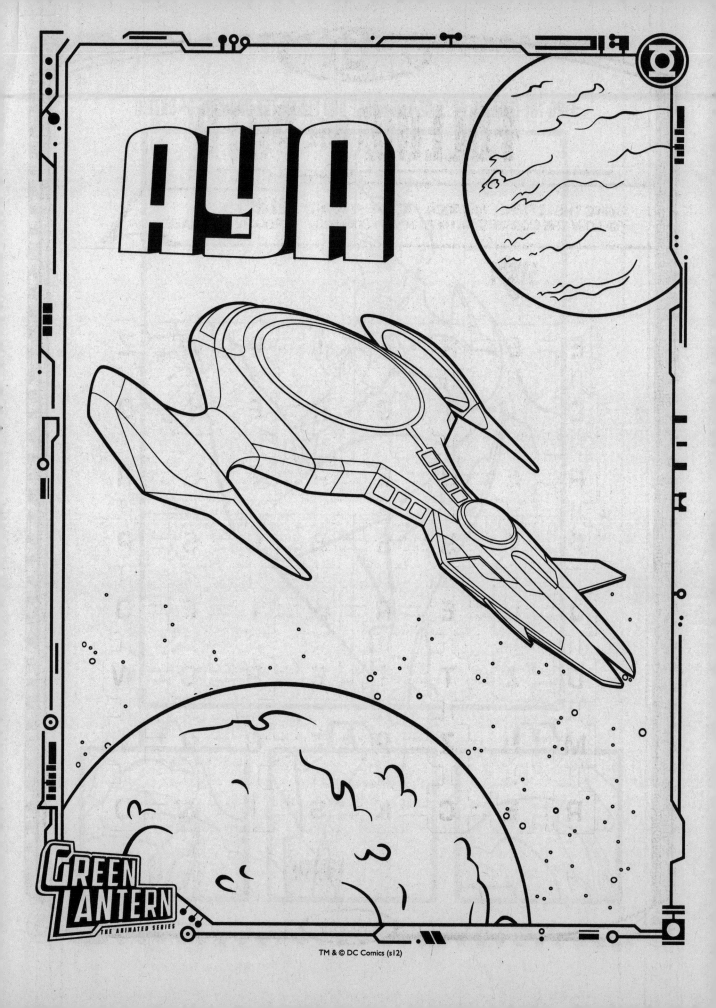

FIND THE MISSING PIECE OF THE IMAGE AND FINISH THE DRAWING OF RAZER!

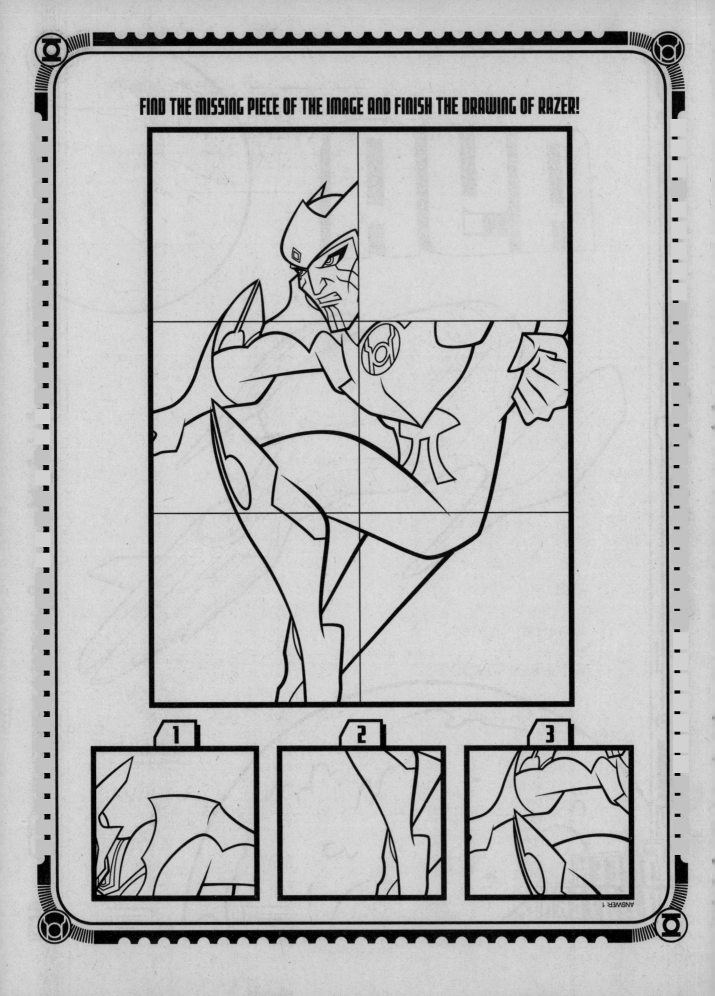

ANSWER: 1